Les Jeux de mots sav

8 à 12 ans

collection:
LES JEUX DE FÉLIX

auteure:
Nancy Gagné
orthopédagogue

illustrateur:
Jean-Guy Bégin

Révision:
Alain Benoît
Marjolaine Fournier

ISBN : 978-2-921820-54-7

Dépôt légal - Bibliothèque nationale du Québec, 2009
Dépôt légal - Bibliothèque nationale du Canada, 2009
IMPRIMÉ AU CANADA

TRAPÈZE

Éditions Trapèze inc.

C. P. 98027, Succ. Place Élite, Ste-Thérèse, Québec, J7E 5R4
Téléphone et télécopieur (450) 430-2011

www.editionstrapeze.ca
courriel: info@editionstrapeze.ca

Bonjour !

C'est moi, ton ami Félix qui adore les jeux éducatifs ! Dans ce cahier, je te présente une foule de jeux de mots qui te permettront d'apprendre, tout en t'amusant. Tu trouveras aussi des jeux de différences qui t'aideront à développer ton sens de l'observation en jouant. Je te souhaite des heures de plaisir avec tous ces jeux.

À bientôt,

Félix

felix@editionstrapeze.ca

Liste des notions vues

L'ordre alphabétique

Dans chaque série de trois mots, trouve celui qui vient en premier selon l'ordre alphabétique et encercle-le. Puis, cherche dans la grille les mots encerclés.

l	n	o	r	d	b	p	a	g	e
j	u	p	e	m	l	r	o	n	d
e	m	a	l	o	u	p	a	e	o
t	v	i	c	r	x	b	x	s	e
e	e	o	e	t	e	a	o	s	i
f	l	d	s	l	t	l	t	r	l
b	o	r	a	p	a	p	o	a	d
j	a	p	e	m	o	v	m	g	h
m	n	o	i	r	e	i	e	a	b
e	t	f	a	i	t	p	l	u	s

lame - jupe - rame
loup - truc - voix
film - four - fête
lion - lave - luge
moto - pâté - nous
vent - vélo - vert
vrai - unir - taxe
mare - bloc - paon
onde - oeil - onze

bras - pied - nage
roue - roux - rond
voir - soir - noir
mine - miel - mien
mort - trop - soin
drap - dame - dodo
poil - puce - race
sort - rime - plus
mars - mois - toit

ciel - bord - lime
gars - robe - note
pâle - sage - page
fait - gens - très
prix - jape - port
nous - nord - pour
mâle - pile - luxe

réponse Il est très utile. __ '__ __ __ __ __ __ __ __ __ __

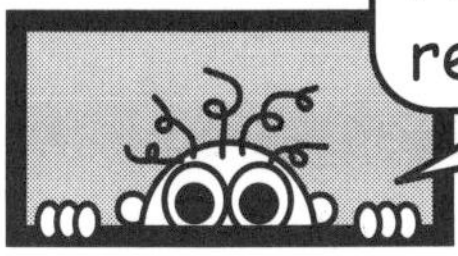

Fais un X sur tous les mots qu'on retrouve deux fois. Le mot restant est la réponse du jeu.

fil bas duo art
bal
duo épi bac art
une
épi une
des
bas
~~aux~~
est arc
vie
fée
bon été
vie
thé

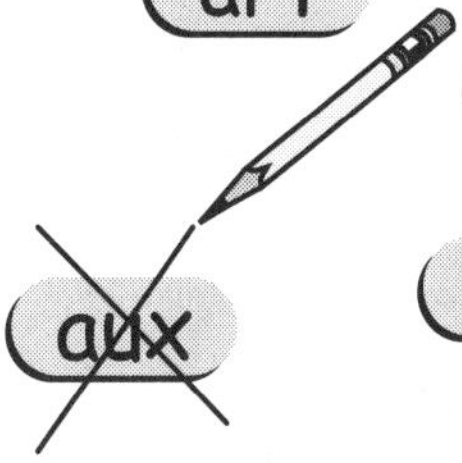

duc bus
bus zoo
feu
bal
boa
toi cil
thé fou
~~aux~~ col
boa
mou bac col
des été oui
uni fil
arc but
but
non
loi loi
fou
cil
feu
mou
bon dix zoo
non
mes
toi
clé uni
mes
clé
est
fée
les que
son
dix les
duc son que

Les verbes

Trouve un verbe de la même famille que chaque nom ci-dessous.
Puis, trouve ces verbes dans la grille.

m	e	m	p	i	l	e	r	c	o	r
j	o	u	e	r	o	u	g	i	r	e
p	m	u	c	r	a	q	u	e	r	l
u	p	a	r	l	e	r	r	c	f	c
n	v	r	m	i	f	u	i	r	e	r
i	i	e	g	e	r	i	g	i	r	e
r	v	d	e	i	n	q	u	e	m	c
i	r	r	l	u	e	t	r	r	e	n
o	e	a	e	b	a	t	i	r	r	e
v	s	g	r	n	a	i	t	r	e	s
c	a	c	h	e	r	l	a	v	e	r

pile : empiler

punition : ______________

garderie : ______________

cachette : ______________

fermeture : ______________

lavage : ______________

craquement : ______________

menteur : ______________

gel : ______________

cri : ______________

fuite : ______________

mort : ______________

vie : ______________

vue : ______________

jouet: ______________

rougeur : ______________

saleté : ______________

cercle : ______________

rugissement : ______________

naissance : ______________

bâtisse : ______________

parole : ______________

réponse Les amis de Félix sont _ _ _ _ _ _ _ _ _ _ _ _ .

Encercle les 7 différences entre ces deux dessins.

Le présent

Conjugue les verbes suivants au présent de l'indicatif à la personne indiquée par le pronom. Puis, trouve ces verbes conjugués dans la grille.

e	d	o	r	s	v	t	z	s	i	m
g	p	f	s	v	i	e	n	e	s	e
n	a	g	l	o	u	o	c	n	s	n
a	r	a	b	o	r	e	o	t	e	t
m	l	r	j	i	t	s	l	e	c	n
r	e	d	t	a	u	t	l	n	a	e
i	n	e	r	o	n	t	e	t	f	s
o	a	n	e	t	e	s	z	s	f	n
n	g	t	b	o	u	g	e	z	e	a
s	e	c	a	l	c	u	l	e	s	d
r	e	d	i	t	e	s	a	v	e	z

flotter : tu flottes

danser : ils

savoir : vous

calculer : tu

dormir : je

user : nous

être : vous

parler : je

mentir : il

jouer : vous

manger : je

sortir : tu

rire : nous

boire : il

garder : elles

nager : je

bouger : vous

rater : elle

tirer : nous

effacer : tu

avoir : elles

coller : vous

sentir : ils

dire : vous

réponse C'est un verbe très important ! _ _ _ _ _ _

Trouve 6 mots de cinq lettres qui commencent par la lettre "p".

p _ _ _ _ _

p _ _ _ _ _

p ê c h e

p _ _ _ _ _

p _ _ _ _ _

p _ _ _ _ _

p _ _ _ _ _

Trouve le plus de mots possible qu'on peut former avec les lettres du mot "CREVAISON". J'ai trouvé 35 mots, peux-tu en trouver autant que moi ?

RÈGLES

Tu n'es pas obligé d'utiliser toutes les lettres du mot.
Tu ne peux pas utiliser les lettres plus de fois qu'elles ne se trouvent dans le mot.
Tes mots doivent être écrits sans fautes.

C R E V A I S O N

crevais, vase, croise

Les noms féminins

Ajoute le déterminant "un" ou "une" devant les noms suivants pour trouver leur genre. Puis, cherche uniquement les mots **féminins** dans la grille.

b	h	i	s	t	o	i	r	e	e
l	o	u	p	e	h	i	f	i	e
a	d	u	f	e	e	m	m	i	e
i	e	i	c	r	r	a	v	l	e
g	u	d	u	l	b	g	l	o	c
u	r	e	u	e	e	e	a	s	i
i	h	e	p	t	h	s	i	r	l
l	r	u	a	c	m	v	c	i	e
l	j	d	e	a	i	l	e	i	h
e	a	m	b	u	l	a	n	c	e

un	abri	f (m)	______	travail	f m	______	idée	f m
une	date	(f) m ✓	______	boucle	f m	______	héros	f m
______	heure	f m	______	échelle	f m	______	fée	f m
______	jupe	f m	______	carré	f m	______	vis	f m
______	bloc	f m	______	histoire	f m	______	gare	f m
______	loupe	f m	______	image	f m	______	scie	f m
______	odeur	f m	______	étage	f m	______	ami	f m
______	avion	f m	______	ambulance	f m	______	hélice	f m
______	vie	f m	______	herbe	f m	______	livre	f m
______	aile	f m	______	édifice	f m	______	amie	f m
______	arbre	f m	______	aiguille	f m	______	espoir	f m

réponse C'est une petite bestiole. _ _ _ _ _ _ _ _

Replace en ordre les lettres de chacun de ces mots qui commencent par la lettre " v ".

~~l~~ ~~o~~ ~~é~~ → v é l o

e t n → v _ _ _

x i o → v _ _ _

i n e e → v _ _ _ _

i c i o → v _ _ _ _

t n i g → v _ _ _ _

e m l u o → v _ _ _ _ _

t r e → v _ _ _

a i r → v _ _ _

o e g a y → v _ _ _ _ _

b e r e → v _ _ _ _

u x i e → v _ _ _ _

u t o r i e → v _ _ _ _ _ _

e r i n → v _ _ _ _

Les antonymes

Trouve un antonyme (contraire) pour chaque mot de la liste du bas.
Puis, écris ces antonymes dans la grille en t'aidant des indices.

perdre : trouver

toujours : ____________

bruyant : ____________

détester : ____________

décoiffé : ____________

vendre : ____________

injustice : ____________

avant : ____________

difficile : ____________

rapidement : ____________

foncé : ____________

léger : ____________

pleurer : ____________

vide : ____________

pousser : ____________

descendre : ____________

nuit : ____________

dessus : ____________

éteindre : ____________

mou : ____________

moins : ____________

inconnu : ____________

L'ordre alphabétique

Dans chaque série de trois mots, trouve celui qui vient en premier selon l'ordre alphabétique et encercle-le. Puis, cherche dans la grille les mots encerclés.

t	a	v	i	o	n	i	d	e	d
a	p	t	e	x	d	u	r	c	i
n	m	p	i	r	a	l	i	c	o
g	a	o	a	g	b	r	r	c	r
o	h	m	t	i	r	e	r	i	f
c	c	m	v	e	m	e	e	e	u
u	y	e	g	e	o	b	j	e	t
x	c	a	c	r	i	m	e	s	i
g	l	a	c	e	e	n	v	o	l
p	e	t	e	m	p	s	e	r	e

tuque - tirer - tronc
durer - écrou - choix
mardi - mauve - nièce
durci - gaffe - fêter
fable - épice - envol
métro - merci - météo
champ - chéri - chant
temps - terre - tenir

train - tigre - toile
crise - crime - étude
verre - vider - veine
vingt - utile - vidéo
avril - avoir - avion
gland - glace - heure
fugue - gilet - froid
cycle - demain - jeu

tasse - tango - tante
queue - pomme - raser
pompe - plage - potin
arrêt - balai - barbu
verbe - ville - vieux
oncle - objet - opéra
rosée - taupe - soupe

réponse Le repas est _ _ _ _ _ _ _ _ _ _ _ _ _ _ _.

Encercle les 7 différences entre ces deux dessins.

Le présent

Conjugue les verbes suivants au présent de l'indicatif à la personne indiquée par le pronom. Puis, trouve ces verbes conjugués dans la grille.

r	a	n	g	e	s	s	p	e	u	x
v	s	k	i	e	n	j	e	t	e	z
t	o	m	b	o	n	s	r	e	v	e
a	m	l	i	v	n	v	s	t	f	p
v	m	r	e	o	e	e	i	f	z	e
o	e	v	s	z	m	u	i	e	e	n
n	s	i	i	a	c	o	x	r	d	s
s	r	i	r	d	c	n	g	m	u	e
b	c	l	o	u	e	n	t	e	o	n
c	h	a	n	t	e	z	t	z	b	t

ramer : tu rames ______

vouloir : tu ______

tomber : nous ______

fermer : vous ______

clouer : ils ______

ranger : tu ______

skier : elle ______

avoir : nous ______

chanter : vous ______

briser : nous ______

bouder : vous ______

être : nous ______

cuire : il ______

pouvoir : je ______

jeter : vous ______

rêver : je ______

vider : vous ______

penser : ils ______

coiffer : je ______

rire : nous ______

voler : vous ______

réponse C'est un nombre : _ _ _ _ _ _

Trouve le plus de mots possible qu'on peut former avec les lettres du mot "MONARCHIE". J'ai trouvé 30 mots, peux-tu en trouver autant que moi ?

RÈGLES

Tu n'es pas obligé d'utiliser toutes les lettres du mot.
Tu ne peux pas utiliser les lettres plus de fois qu'elles ne se trouvent dans le mot.
Tes mots doivent être écrits sans fautes.

M O N A R C H I E

machine, race, air

Fais un X sur tous les mots qu'on retrouve deux fois. Le mot restant est la réponse du jeu.

lac six air car sud bec mur
mon mal ses fou mai qui
fou cru sou sur eux tas lac
que cru tas nid nid mon qui
eux mur ses mal roi sur bec
sou six sud car que mai air

L'ordre alphabétique

Dans chaque série de trois mots, trouve celui qui vient en premier selon l'ordre alphabétique et encercle-le. Puis, cherche dans la grille les mots encerclés.

r	b	a	n	c	m	s	o	n	t	b
p	e	c	l	o	u	a	g	l	d	a
o	l	v	f	a	u	x	i	r	i	i
e	d	a	e	g	a	r	e	s	a	n
u	a	h	t	x	l	a	m	e	l	s
f	n	m	u	s	e	n	s	g	b	y
c	s	e	c	i	n	q	n	f	l	c
o	c	n	n	x	t	a	p	i	o	h
u	u	u	m	b	r	a	s	n	c	e
r	a	f	a	i	m	j	u	i	n	z

kiwi - juin - yeux

plat - pour - pneu

ride - rive - rêve

sont - tout - tous

sept - sens - soin

dent - donc - dans

tour - cour - four

fond - faux - fric

mais - nous - pour

gris - gros - gras

huit - nuit - suit

bain - mari - bien

beau - banc - bien

deux - peur - ceux

cuir - clou - crin

laid - lait - lent

mâle - lame - mêle

neuf - pont - menu

cinq - club - dent

fève - tige - bras

chez - chic - choc

brun - bloc - doux

tire - sang - rang

ours - onze - oeuf

faim - parc - voeu

mare - gars - gare

fini - foin - fort

réponse Ce sont deux animaux : _ _ _ _ _ et _ _ _ _ _

Pour décoder le petit message de mon ami Bidule, tu dois inscrire sous chaque lettre celle qui vient tout de suite **après** selon l'ordre alphabétique.

a b c d e f g h i j k l m n o p q r s t u v w x y z

Attention! Dans ce jeu, la lettre "z" deviendra "a".

I ' z c n q d   k d r   b n c d r   r d b q d s r !

J' ______________________________

E d k h w   d s   l n h   d m   t s h k h r n m r

____

r n t u d m s   o n t q   b n l l t m h p t d q

____

d m s q d   m n t r.   B ' d r s

____

s q d r   z l t r z m s !

____

Trouve 8 mots commençant par la lettre " g ".

garçon ______

g ______

g ______

g ______

g ______

g ______

g ______

g ______

g ______

L'infinitif

Trouve l'infinitif des verbes conjugués suivants.
Puis, trouve ces verbes à l'infinitif dans la grille.

p	o	n	d	r	e	l	i	r	e
c	r	o	i	r	e	v	e	r	l
v	v	e	c	r	i	r	e	r	r
o	f	o	n	e	t	r	e	e	e
u	i	r	i	d	i	r	l	c	t
l	n	e	u	r	r	e	x	u	e
o	i	g	v	e	g	e	e	i	n
i	r	u	s	v	e	n	i	r	i
r	o	j	n	a	i	t	r	e	r
f	a	i	r	e	j	e	t	e	r

je viens : venir

ils cuisent : ______

nous jugeons : ______

ils feront : ______

je lisais : ______

nous prenons : ______

elle rêvait : ______

vous ouvrez : ______

je voyais : ______

tu veux : ______

vous finissez : ______

vous croyez : ______

ils naissent : ______

elles jetaient : ______

il serre : ______

vous reteniez : ______

elle pondait : ______

vous écriviez : ______

nous gelons : ______

j'étais : ______

réponse Petit mot qui coûte cher : _ _ _ _ _

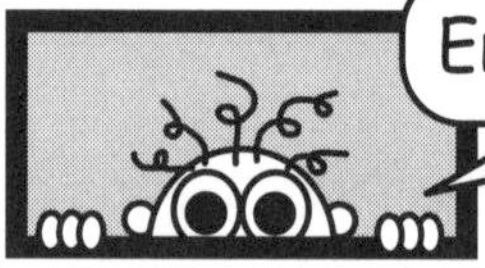

Encercle les 7 différences entre ces deux dessins.

Les noms masculins

Ajoute le déterminant "un" ou "une" devant les noms suivants pour trouver leur genre. Puis, cherche uniquement les mots masculins dans la grille.

r	a	o	r	t	e	i	l	l	t
e	p	v	p	n	e	u	r	e	r
l	e	t	i	g	r	e	l	r	a
l	t	a	e	o	i	g	u	b	v
i	a	s	t	l	n	o	u	m	a
e	l	a	a	o	l	e	c	o	i
r	e	c	g	c	j	c	n	n	l
o	s	d	e	b	u	t	l	e	s
e	h	o	p	i	t	a	l	u	z
o	r	a	g	e	b	l	o	c	b

une épée	(f)	m	______ clou	f	m	______ avion	f	m
un étage	f	(m) ✓	______ arme	f	m	______ école	f	m
______ orage	f	m	______ jeu	f	m	______ orteil	f	m
______ orange	f	m	______ sac	f	m	______ tigre	f	m
______ hôpital	f	m	______ île	f	m	______ club	f	m
______ nombre	f	m	______ pneu	f	m	______ épice	f	m
______ cravate	f	m	______ nez	f	m	______ travail	f	m
______ pétale	f	m	______ bille	f	m	______ ongle	f	m
______ escalier	f	m	______ bloc	f	m	______ crêpe	f	m
______ oreiller	f	m	______ jupe	f	m	______ début	f	m

réponse Il y en a beaucoup au Québec. Des _ _ _ _

Trouve le plus de mots possible qu'on peut former avec les lettres du mot "ALIMENT". J'ai trouvé 30 mots, peux-tu en trouver autant que moi ?

RÈGLES

Tu n'es pas obligé d'utiliser toutes les lettres du mot.
Tu ne peux pas utiliser les lettres plus de fois qu'elles ne se trouvent dans le mot.
Tes mots doivent être écrits sans fautes.

A L I M E N T

liane, aiment, ail

Complète cette pyramide avec des mots commençant par " p ".

p _ _
p _ _ _
p _ _ _ _
p _ _ _ _ _
p o m p i e r
p _ _ _ _ _ _ _

Replace en ordre les lettres de chacun de ces mots qui commencent par la lettre "m".

n r t s e o — monstre

e d o n — m _ _ _ _ _

o t r — m _ _ _

u e v a — m _ _ _ _ _

a a e l d — m _ _ _ _ _ _

i l e — m _ _ _

a n i — m _ _ _

a r g e n — m _ _ _ _ _ _

i t a n — m _ _ _ _ _

o i a s n — m _ _ _ _ _ _

g a i e — m _ _ _ _ _

o e d — m _ _ _

i i d — m _ _ _

a s r — m _ _ _

L'ordre alphabétique

Dans chaque série de trois mots, trouve celui qui vient en premier selon l'ordre alphabétique et encercle-le. Puis, cherche dans la grille les mots encerclés.

l	e	n	j	e	u	t	i	l	e
a	i	e	h	f	r	e	i	n	e
n	m	g	o	m	e	u	o	s	g
i	i	a	n	c	o	n	b	e	i
f	l	r	t	e	a	t	i	a	e
h	l	o	e	c	n	m	i	a	n
i	e	r	g	e	o	o	t	f	u
b	u	r	g	m	k	o	a	l	a
o	r	a	b	m	a	g	i	e	g
u	c	f	l	e	u	r	i	n	e

monde - momie - navet

frein - gamme - grand

louer - jeter - herbe

moule - nappe - motif

ruche - ruban - savon

enjeu - envol - genre

cruel - culot - écrou

quand - paume - orage

fleur - forme - folie

lacet - lacer - koala

usine - urine - verre

peine - lundi - ligne

noter - mille - pièce

niche - neige - obéir

vache - verre - utile

canot - canon - capot

lampe - micro - honte

genou - final - hamac

homme - hibou - idiot

magie - marin - nager

bruit - agent - boxer

océan - patte - nuage

réponse Il n'est pas rapide. L'_ _ _ _ _ _ _ _ _ _

Pour décoder le petit message de Simon, tu dois inscrire sous chaque lettre celle qui vient tout de suite **après** selon l'ordre alphabétique.

a b c d e f g h i j k l m n o p q r s t u v w x y z

Attention! Dans ce jeu, la lettre "z" deviendra "a".

R z k t s ! I d r t h r R h l n m . I ' z h l d k d r

S

i d t w r z u z m s r c d E d k h w , b z q h k r l d

q d m c d m s a q h k k z m s ! D s s n h ,

s d r d m r - s t o k t r r z u z m s

l z h m s d m z m s ?

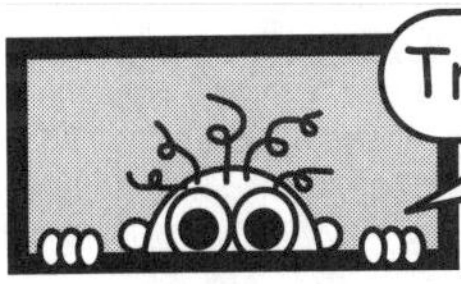

Trouve 8 mots commençant par la lettre " s ".

sac

s

s

s

s

s

s

s

s

Encercle les 7 différences entre ces deux dessins.

L'imparfait

Conjugue les verbes suivants à l'imparfait de l'indicatif à la personne indiquée par le pronom. Puis, trouve ces verbes conjugués dans la grille.

d	e	m	a	n	d	a	i	s	i	l
i	t	i	r	i	e	z	i	s	j	p
s	i	j	l	a	v	a	i	t	o	l
a	a	u	o	c	r	i	a	i	s	o
i	l	v	o	u	l	i	e	z	a	n
e	r	r	e	v	a	i	t	a	v	g
n	a	l	i	u	s	i	e	z	a	e
t	p	e	n	s	a	i	s	e	i	a
s	a	u	v	i	o	n	s	i	e	i
e	p	o	u	v	i	e	z	v	n	s
o	s	a	i	e	n	t	n	a	t	t

sauver : nous sauvions

crier : je ______

parler : il ______

vouloir : vous ______

penser : tu ______

dire : elles ______

oser : ils ______

avoir : vous ______

demander : je ______

savoir : ils ______

pleurer : tu ______

jouer : je ______

pouvoir : vous ______

laver : elle ______

user : vous ______

rêver : il ______

plonger : tu ______

tirer : vous ______

réponse

C'est ce que faisaient les amis de Félix hier.

_ _ _   _ _ _ _ _ _ _ _ _ _.

Les synonymes

Trouve un synonyme pour chaque mot de la liste du bas.
Puis, écris ces synonymes dans la grille en t'aidant des indices.

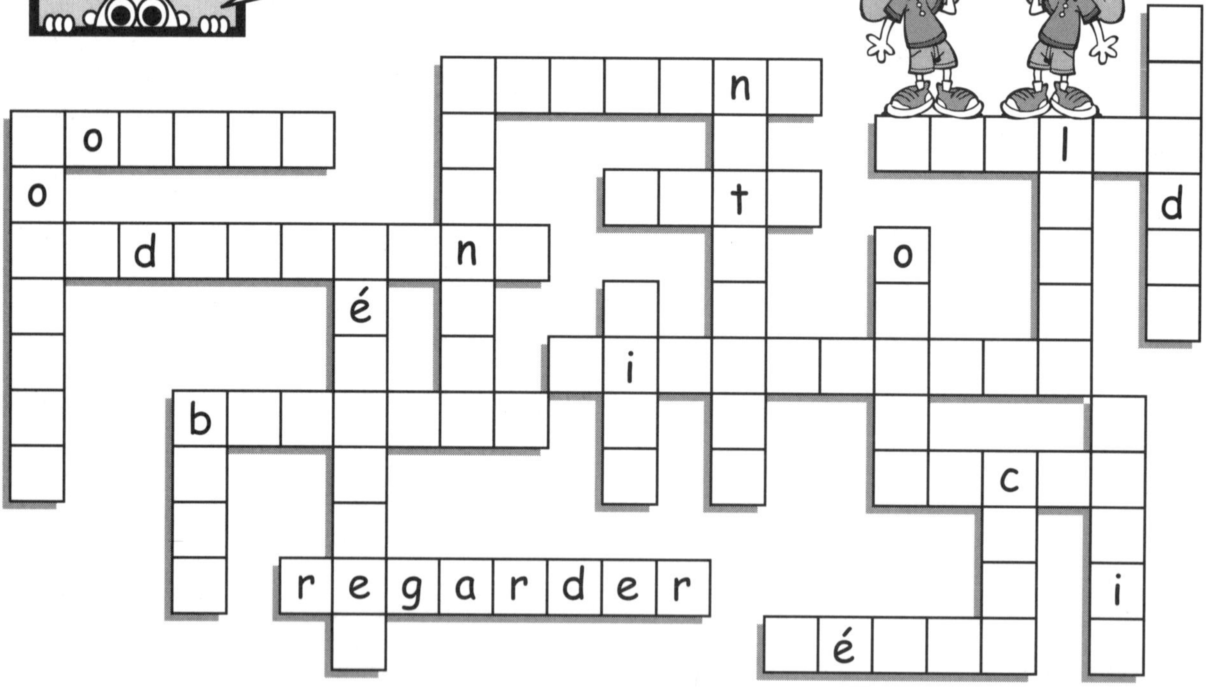

voir : regarder

rigoler : ______

grotte : ______

drôle : ______

fortuné : ______

laver : ______

bavarder : ______

poupon : ______

matou : ______

motocyclette : ______

senteur : ______

bouquin : ______

porc : ______

égarer : ______

vélo : ______

remède : ______

mêler : ______

étrange : ______

fredonner : ______

minuscule : ______

commencement : ______

Trouve le plus de mots possible qu'on peut former avec les lettres du mot "SOMNAMBULE". J'ai trouvé 25 mots, peux-tu en trouver autant que moi ?

RÈGLES

Tu n'es pas obligé d'utiliser toutes les lettres du mot.
Tu ne peux pas utiliser les lettres plus de fois qu'elles ne se trouvent dans le mot.
Tes mots doivent être écrits sans fautes.

S O M N A M B U L E

moule, bol, lame

Trouve 8 mots commençant par la lettre " l ".

l______

lit______

l______

l______

l______

l______

l______

l______

L'ordre alphabétique

Dans chaque série de trois mots, trouve celui qui vient en premier selon l'ordre alphabétique et encercle-le. Puis, cherche dans la grille les mots encerclés.

f	s	o	u	s	e	s	o	i	f
b	i	s	e	i	b	e	l	l	e
a	n	l	c	m	l	d	e	f	i
v	a	s	s	i	e	l	u	o	r
e	i	s	p	d	u	u	o	i	b
c	n	n	r	i	e	o	b	n	a
b	i	e	n	i	c	a	f	e	g
r	s	g	l	o	v	e	l	u	d
o	k	a	k	i	i	n	o	t	e
p	u	m	a	c	e	r	f	r	e

truc - soif - voix
cuir - cerf - cinq
abri - aide - allô
lune - lieu - lire
lama - kiwi - kaki
face - bise - jour
prix - pion - pile
scie - seul - seau
soie - oser - près

joie - fois - défi
bond - bien - buée
gens - gîte - jour
four - foin - gala
vous - nous - elle
foie - fils - hâte
sens - sang - puma
café - crin - cane
bout - boxe - boue

surf - tour - midi
père - nain - note
noir - voir - soir
cela - mont - avec
voir - velu - vert
bloc - donc - bleu
têtu - taxi - note
long - mais - lune
trou - sous - tout

réponse C'est parfois nécessaire. L'_ _ _ _ _ _

Replace en ordre les lettres de chacun de ces mots qui commencent par la lettre "d".

~~r~~ ~~u~~ ~~l~~ ~~a~~ ~~a~~ ~~c~~ — Dracula

e i r — d _ _ _

i a n v — d _ _ _ _

u x o — d _ _ _

r l e ô — d _ _ _ _

i i n z a e — d _ _ _ _ _ _

t n e — d _ _ _

z u o e — d _ _ _ _

c n o — d _ _ _

s s e n i — d _ _ _ _ _

i é f — d _ _ _

e o r i v — d _ _ _ _ _

e u x — d _ _ _

r r i m o — d _ _ _ _ _

Le présent

Conjugue les verbes suivants au présent de l'indicatif à la personne indiquée par le pronom. Puis, trouve ces verbes conjugués dans la grille.

p	t	r	o	u	v	e	n	t	e	s
a	l	d	e	c	h	i	r	e	z	e
i	g	a	s	c	r	i	e	s	e	t
m	r	a	c	o	n	t	o	n	s	u
e	f	v	r	e	r	z	s	m	a	o
n	a	t	o	e	e	t	c	o	r	c
t	i	p	r	t	s	i	o	n	c	e
d	s	v	a	a	e	v	u	t	e	g
n	u	r	e	s	p	i	r	e	n	t
o	s	a	u	v	o	n	s	z	o	l

monter : vous montez

sortir : elle ____________

voter : je ____________

trouver : elles ____________

écraser : il ____________

garer : tu ____________

aimer : elles ____________

faire : je ____________

placer : je ____________

raconter : nous ____________

vivre : il ____________

courir : je ____________

écouter : tu ____________

déchirer : vous ____________

sauver : nous ____________

dire : elle ____________

crier : tu ____________

respirer : ils ____________

rater : vous ____________

ouvrir : j' ____________

réponse C'est une langue. L'_ _ _ _ _ _ _ _ _ _

Encercle les 7 différences entre ces deux dessins.

Les noms féminins

Ajoute le déterminant "un" ou "une" devant les noms suivants pour trouver leur genre. Puis, cherche uniquement les mots féminins dans la grille.

e	p	i	n	e	j	o	u	e	g
c	e	f	c	f	o	r	m	e	a
a	r	m	o	i	r	e	a	x	l
i	b	e	l	i	n	i	f	p	e
l	m	e	l	n	s	l	f	l	t
l	o	r	e	a	j	l	i	o	t
e	e	t	m	t	m	e	c	s	e
u	n	n	d	a	o	i	h	i	u
a	f	e	t	e	i	u	e	o	o
i	s	a	i	s	o	n	r	n	r

un navire f (m)	______ exemple f m	______ main f m
une forme (f) m ✓	______ explosion f m	______ colle f m
______ épine f m	______ antenne f m	______ étage f m
______ animal f m	______ autobus f m	______ tour f m
______ ombre f m	______ galette f m	______ fois f m
______ oreille f m	______ armoire f m	______ roue f m
______ indice f m	______ horaire f m	______ fête f m
______ saison f m	______ accident f m	______ clou f m
______ écaille f m	______ affiche f m	______ joue f m
______ entrée f m	______ aéroport f m	______ film f m
______ divan f m	______ alphabet f m	______ amie f m

réponse C'est un jour de la semaine. _ _ _ _ _ _

Pour décoder le petit message du pirate, tu dois inscrire sous chaque lettre celle qui vient tout de suite **<u>après</u>** selon l'ordre alphabétique.

a b c d e f g h i j k l m n o p q r s t u v w x y z

Attention! Dans ce jeu, la lettre "z" deviendra "a".

I'zh dmehm cdbntudqs kd sqdrnq.

J' ______________________________

Id kd bgdqbgzhr cdothr sqdr

____

knmfsdlor. Id rthr gdtqdtw

____

bzq id rthr dmehm tm

____

gnlld qhbgd!

____

Trouve 8 mots commençant par la lettre " c ".

coffre ______

c ______

c ______

c ______

c ______

c ______

c ______

c ______

c ______

L'ordre alphabétique

Dans chaque série de trois mots, trouve celui qui vient en premier selon l'ordre alphabétique et encercle-le. Puis, cherche dans la grille les mots encerclés.

f	e	x	a	c	t	g	f	e	q
a	l	g	u	e	n	o	r	r	u
i	k	r	r	a	a	a	e	e	a
r	a	f	t	u	h	v	r	l	n
e	y	e	o	p	a	g	e	o	d
b	a	z	a	r	e	u	r	v	s
r	k	n	g	d	c	g	b	i	p
a	p	a	r	m	i	e	m	v	r
v	u	s	a	g	e	e	o	r	o
o	f	i	l	e	t	a	p	e	c

iglou - image - grave

lèvre - larme - kayak

bazar - boule - botte

front - force - fruit

épine - duvet - degré

ombre - ongle - pause

coude - corps - craie

radar - ramer - quand

voter - voler - votre

patin - parmi - pente

galop - filet - idéal

voici - voile - vivre

faire - grève - finir

gruau - huile - jouer

beige - algue - avant

guêpe - foncé - exact

frère - fumer - furet

valse - wagon - usage

phare - piège - piger

calme - cacao - bravo

futur - étang - fusée

étape - ferme - façon

réponse C'est un fruit. _ _ _ _ _ _ _

Trouve le plus de mots possible qu'on peut former avec les lettres du mot "EXCURSION". J'ai trouvé 30 mots, peux-tu en trouver autant que moi ?

RÈGLES

Tu n'es pas obligé d'utiliser toutes les lettres du mot.
Tu ne peux pas utiliser les lettres plus de fois qu'elles ne se trouvent dans le mot.
Tes mots doivent être écrits sans fautes.

E X C U R S I O N

coin, cours, ruine

Fais un X sur tous les mots qu'on retrouve deux fois. Le mot restant est la réponse du jeu.

fin sac gaz sel coq bac
peu moi gag nez rue pas vin cou
ski sec vos peu moi ici
coq vue vin vie pas sel
toi gag roc vos roc
rue fin nez cou rit vue
gaz sec bac ici toi vie sac ski

Le futur simple

Conjugue les verbes suivants au futur simple de l'indicatif à la personne indiquée par le pronom. Puis, trouve ces verbes conjugués dans la grille.

p	o	u	b	l	i	e	r	a	i	c
r	e	c	r	i	r	o	n	t	i	i
o	a	a	i	m	e	r	e	z	a	t
u	z	v	e	r	r	a	s	r	r	r
v	e	s	a	o	u	n	e	r	i	o
e	r	d	e	l	o	t	f	i	t	u
r	e	r	i	r	e	a	e	r	r	v
a	g	g	e	r	a	r	r	e	a	e
i	n	v	p	e	a	s	a	z	p	r
m	a	r	c	h	e	r	o	n	s	a
l	m	l	i	r	o	n	t	u	x	s

aimer : vous aimerez

faire : elle

trouver : tu

lire : ils

laver : nous

avaler : il

prouver : je

être : tu

rire : vous

marcher : nous

dire : il

écrire : elles

manger : vous

oublier : j'

partir : je

voir : tu

prêter : je

réponse Les pompiers sont _ _ _ _ _ _ _ _ _ _ _.

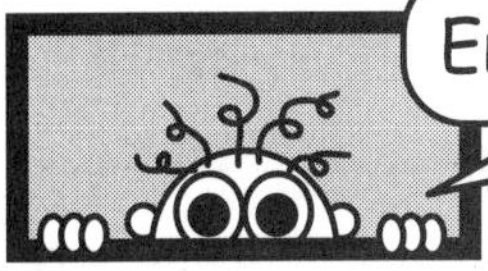

Encercle les 7 différences entre ces deux dessins.

Replace en ordre les lettres de chacun de ces mots qui commencent par la lettre " l ".

~~i~~ ~~o~~ ~~e~~ ~~r~~ ~~c~~ ~~n~~ — licorne

i a e n — l _ _ _ _

e i r — l _ _ _

i e n g — l _ _ _ _

i a n p — l _ _ _ _

v i e r — l _ _ _ _

n t e — l _ _ _

n g o — l _ _ _

d o u r — l _ _ _ _

i u d n — l _ _ _ _

e n u — l _ _ _

o n i — l _ _ _

e o n ç — l _ _ _ _

e v r a — l _ _ _ _

e r a m — l _ _ _ _

p o u — l _ _ _

L'imparfait

Conjugue les verbes suivants à l'imparfait de l'indicatif à la personne indiquée par le pronom. Puis, trouve ces verbes conjugués dans la grille.

d	a	n	s	i	e	z	t	s	s	v
t	i	z	n	l	e	c	i	i	n	e
n	m	e	o	h	e	a	a	a	o	n
e	i	i	i	v	s	s	c	v	i	d
i	o	v	v	s	o	v	n	a	s	a
a	n	a	a	p	e	u	a	i	n	i
l	s	l	s	a	l	t	l	t	e	e
l	c	r	i	a	i	s	i	a	p	n
o	s	a	u	t	a	i	t	e	i	t
c	h	a	n	t	i	o	n	s	z	s

crier : tu criais

chanter : nous

lancer : il

vouloir : tu

vendre : elles

classer : je

penser : nous

coller : ils

savoir : nous

sauter : il

avoir : elle

danser : vous

aimer : nous

être : vous

poser : je

laver : vous

réponse C'est un animal. __ _______

Les antonymes

Trouve un antonyme (contraire) pour chaque mot de la liste du bas.
Puis, écris ces antonymes dans la grille en t'aidant des indices.

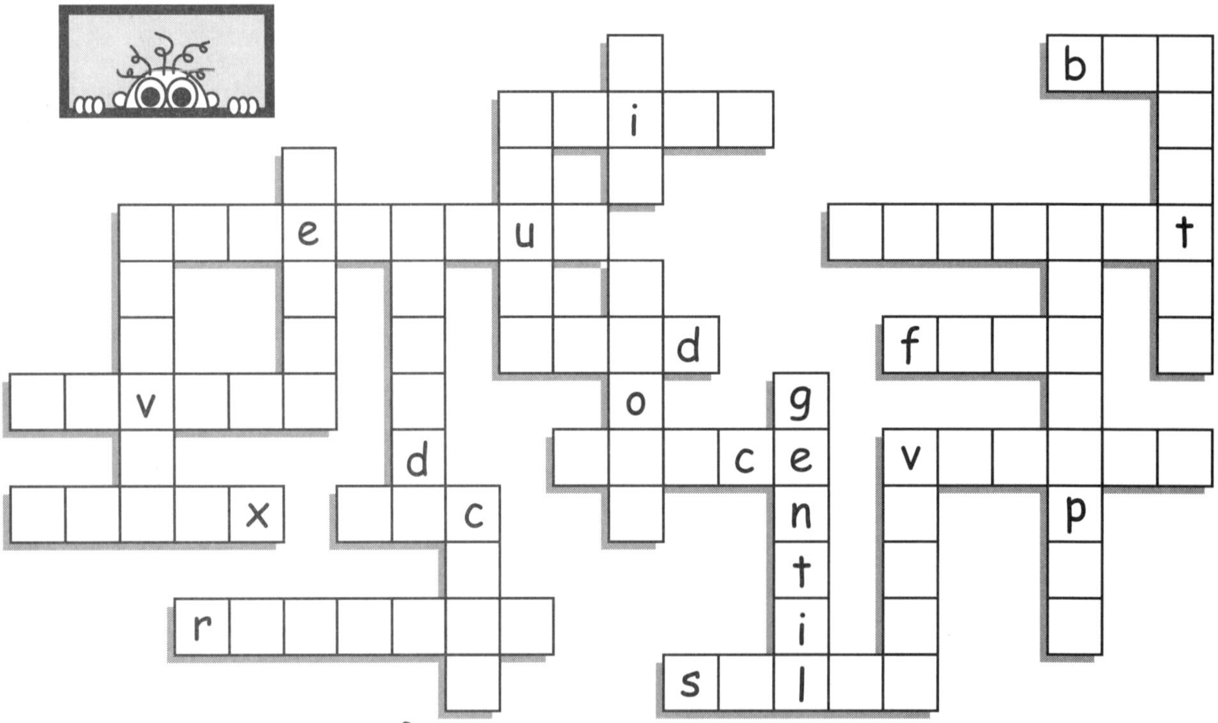

méchant : gentil

laver : ____________

jeune : ____________

mouillé : ____________

mort : ____________

fermé : ____________

entrer : ____________

fragile : ____________

cru : ____________

tôt : ____________

faible : ____________

début : ____________

long : ____________

chaud : ____________

haut : ____________

remplir : ____________

lancer : ____________

perdant : ____________

grand : ____________

épais : ____________

riche : ____________

travaillant : ____________

chuchoter : ____________

échouer : ____________

L'ordre alphabétique

Dans chaque série de trois mots, trouve celui qui vient en premier selon l'ordre alphabétique et encercle-le. Puis, cherche dans la grille les mots encerclés.

p	p	u	m	a	j	h	i	e	r
c	o	c	a	g	e	u	m	n	f
i	p	r	p	u	n	i	d	i	i
r	n	c	g	s	m	c	o	o	x
f	e	e	t	e	u	e	h	c	e
g	u	u	i	d	s	m	o	e	n
a	e	x	p	a	i	x	o	a	f
n	v	m	r	f	e	r	a	i	a
g	a	c	h	o	u	s	a	g	u
c	b	p	a	y	s	d	e	u	x

pion - râpe - pays
muet - nerf - mime
tube - puni - zone
puma - sans - vide
fric - rail - grue
bête - bave - bébé
choc - ceux - donc
écho - cage - cube
fuir - neuf - fixe

ôter - pipe - fera
chic - chef - duel
près - poli - paix
tige - sumo - tire
camp - égal - dodu
îlot - dort - coin
aigu - arme - ange
lira - gang - joli
mêle - dira - épée

quai - pneu - pôle
rase - ruse - seul
faux - gros - haut
lent - mode - hier
lien - deux - foin
chou - clan - date
yoga - orge - tard
sera - sali - judo

réponse Elles sont utiles aux sorcières. _ _ _ _ _ _ _ _ _

Trouve le plus de mots possible qu'on peut former avec les lettres du mot "MOUTARDE". J'ai trouvé 25 mots, peux-tu en trouver autant que moi ?

RÈGLES

Tu n'es pas obligé d'utiliser toutes les lettres du mot.
Tu ne peux pas utiliser les lettres plus de fois qu'elles ne se trouvent dans le mot.
Tes mots doivent être écrits sans fautes.

M O U T A R D E

dé, morte, morue

Trouve 6 mots de cinq lettres qui commencent par la lettre "t".

t _ _ _ _ _

t _ _ _ _ _

tente

t _ _ _ _ _

t _ _ _ _ _

t _ _ _ _ _

t _ _ _ _ _

Les noms

Pour chaque verbe suivant, trouve un nom commun de la même famille.
Ce sont les noms que tu trouveras dans la grille.

r	n	d	o	u	c	e	u	r	s	v
u	o	b	c	e	r	c	l	e	u	i
e	i	t	a	p	l	u	i	e	r	s
l	r	e	f	l	a	m	m	e	n	r
a	c	r	r	v	a	t	v	i	e	u
h	e	r	p	d	e	i	f	x	v	e
c	u	e	n	r	h	n	o	r	o	s
u	r	o	r	e	i	b	t	s	l	s
o	b	a	d	e	f	i	e	e	e	o
l	j	o	u	e	t	s	u	e	u	r
c	c	g	r	a	n	d	e	u	r	g

bondir : bond______

encercler : ______

chauffer : ______

boxer : ______

noircir : ______

balayer : ______

adoucir : ______

grandir : ______

arrêter : ______

clouer : ______

décoder : ______

voler : ______

défier : ______

enflammer : ______

vendre : ______

pleuvoir : ______

jouer : ______

atterrir : ______

hiverner : ______

suer : ______

finir : ______

visser : ______

grossir : ______

réponse Elle peut être bonne ou mauvaise. _ _ _ _ _ _ _ _ _ _

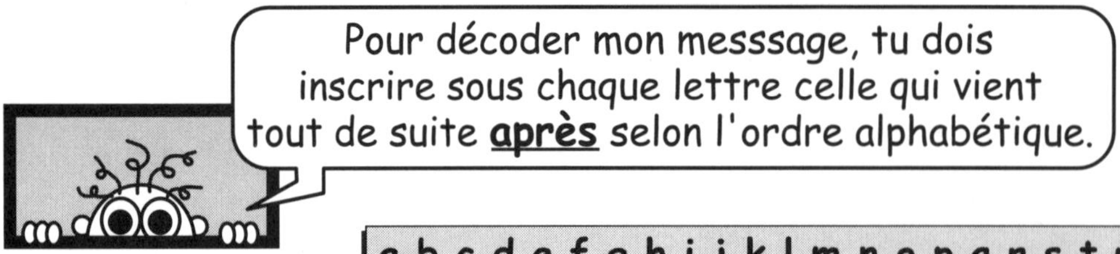

a b c d e f g h i j k l m n o p q r s t u v w x y z

Attention! Dans ce jeu, la lettre "z" deviendra "a".

Bdbh drs kd cdqmhdq idt cd

C

bd bzghdq. I'drodqd ptd st

zr dt adztbnto cd okzhrhq

zudb sntsdr bdr zbshuhsdr.

I'drodqd sd qdunhq ahdmsns!

de Félix

TRAPÈZE

www.editionstrapeze.ca

SOLUTIONS

p.4 l'alphabet

p.5 oui

p.6 comiques

p.7

p.8 vivre

p.9 1er jeu : réponses variables

2e jeu : réponses variables.

Voici les mots de Félix

air, an, as, case, casier, cave, craie, crevons, crions, en, nais, noir, nos, oie, on, or, oser, raison, rive, sac, sec, sein, si, sien, soi, soin, soir, son, vais, ver, vis, vise, voir, vos et vrai.

p.10 fourmi

p.11 vent, vélo, veine, voix, vingt, voici, volume, vert, vrai, voyage, verbe, vieux, voiture, venir

p.12

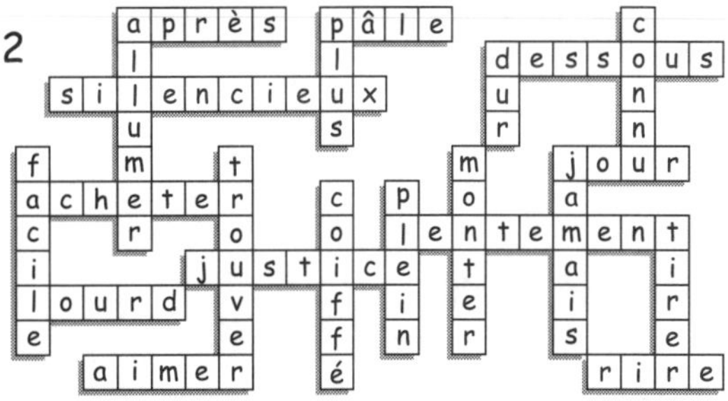

p.13 délicieux

p.14

p.15 vingt

p.16 1er jeu : réponses variables

Voici les mots de Félix

an, arc, charme, chic, chien, corne, crime, ma, mai, maire, marche, mari, marin, mien, mine, moi, mon, niche, noir, nom, oie, on, or, rame, rein, riche, rien, rime, roche et roi.

2e jeu : roi

p.17 lynx et puma

p.18 1er jeu

J'adore les codes secrets! Félix et moi en utilisons souvent pour communiquer entre nous. C'est très amusant!

2e jeu : réponses variables

p.19 luxe

p.20

p.21 lacs

p.22 1er jeu : réponses variables

Voici les mots de Félix

ai, aile, aime, aiment, ami, amie, et, il, laine, lait, lame, le, lent, lien, lime, lit, mai, main, matin, ment, met, mi, mie, miel, mien, mine, minet, net, taie et tien.

2e jeu : réponses variables

p.23 monstre, monde, mort, mauve, malade, miel, main, manger, matin, maison, magie, mode, midi et mars.

p.24 escargot

p.25 1er jeu :

Salut ! Je suis Simon. J'aime les jeux de Félix, car ils me rendent brillant ! Et toi, te sens-tu plus savant maintenant ?

2e jeu : réponses variables

p.26 

p.27 Ils jouaient.

p.28 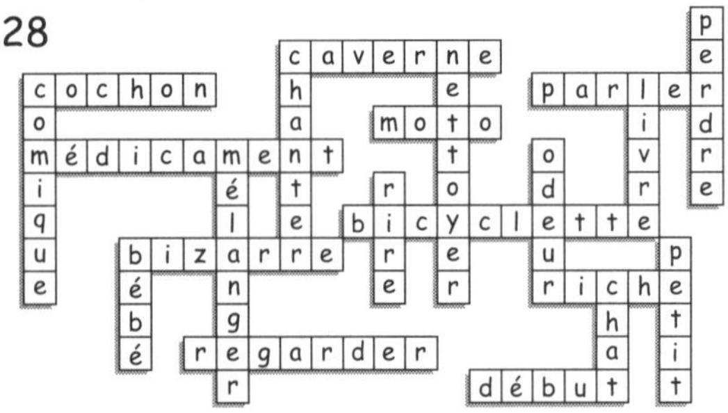

p.29 1er jeu : réponses variables

Voici les mots de Félix

amuse, beau, bleu, bon, boule, eau, le, lune, mal, mon, mule, nom, nomme, nos, nous, on, os, ose, ou, sale, sel, somme, son, sou et use.

2e jeu : réponses variables

p.30 ordre

p.31 Dracula, dire, divan, doux, drôle, dizaine, douze, dent, dessin, donc, devoir, défi, deux et dormir.

p.32 espagnol

p.33 

p.34 jeudi

p.35 1er jeu :

J'ai enfin découvert le trésor. Je le cherchais depuis très longtemps. Je suis heureux car je suis enfin un homme riche !

2e jeu : réponses variables

p.36 orange

p.37 1er jeu : réponses variables

Voici les mots de Félix

ceux, cire, coeur, cour, course, creux, crise, croise, cru, cuire, eux, noir, nos, nuire, roi, rue, ruse, scie, scier, six, soeur, soir, son, sur, usine, oui, nous, sou, ou et ours

2e jeu : rit

p.38 courageux

p.39 

p.40 licorne, laine (ou liane), lire (ou lier), ligne (ou linge), lapin, livre, lent, long, lourd, lundi, lune, loin, laver, leçon, loup et larme

p.41 le cheval

p.42 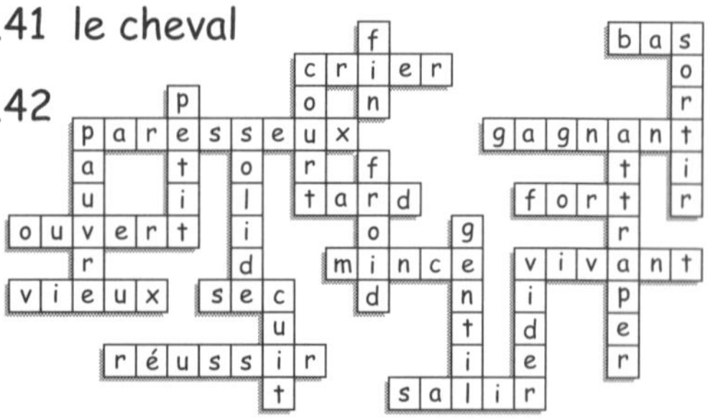

p.43 potions

p.44 1er jeu : réponses variables

Voici les mots de Félix

amour, arme, art, auto, dame, doute, dur, ma, mare, mode, mordu, mort, mot, motard, mou, mur, rame, rat, route, ta, tard, tour, trou, tu et tuer.

2e jeu : réponses variables

p.45 surprise

p.46 Ceci est le dernier jeu de ce cahier. J'espère que tu as eu beaucoup de plaisir avec toutes ces activités. J'espère te revoir bientôt !